INVENTAIRE
S 27.447

TRAITÉ COMPLET

DE LA

CHASSE DES ALOUETTES

AU MIROIR

AVEC LE FUSIL

PAR

LE COMMANDANT P. GARNIER

> « Il n'est nulz qui puist penser la grand
> joye et soulas qui vient du déduit des
> oyseaulx. »
>
> — MODUS.

PARIS
IMPRIMERIE BALITOUT, QUESTROY ET Cⁱᵉ
RUE NEUVE-DES-BONS-ENFANTS, 3.
—
1861

TRAITÉ COMPLET

DE LA

CHASSE DES ALOUETTES

AU MIROIR

AVEC LE FUSIL

PAR

LE COMMANDANT P. GARNIER

> « Il n'est nulz qui peust penser la grant
> « joye et soulas qui vient du déduit des
> « oyseaulx.
> « MODUS. »

PARIS
IMPRIMERIE BALITOUT, QUESTROY ET Cie
RUE NEUVE-DES-BONS-ENFANTS, 3

1864

AVANT-PROPOS

« De tous les oiseaux indigènes, dit L. Gadebled dans sa *Chasse exceptionnelle des oiseaux de passage*, qui demeurent sédentaires ou qui deviennent voyageurs sous l'influence des changements de saison (j'ajouterai : et de facilité de nourriture), il n'en est pas de plus répandus que les Alouettes.

« Cette grande famille, qui comprend une trentaine d'espèces, a été longtemps augmentée de celle des Pipis, qui ont, à la vérité, avec elles une certaine ressemblance extérieure; mais les habitudes et la nourriture de ces derniers les rattachent plutôt aux Bergeronettes. »

Pour nous, d'accord avec A. Toussenel, nous ne reconnaîtrons en France que six espèces d'Alouettes, savoir : la Calandre, la Calandrelle, le Hausse-col, le Cujélier, le Cochevis et enfin l'Alouette commune (dite des champs, Grande-Voilière et Mauviette).

Et encore, partageant l'opinion d'Adolphe d'Houdetot, dirons-nous avec lui :

« Il y a en France plusieurs espèces d'Alouettes qui
« toutes se ressemblent ; mais, pour le commun des chas-
« seurs, il n'en est que deux : l'Alouette ordinaire et
« l'Alouette huppée dite Cochevis. »

Il est dès-lors bien entendu que ce qui va suivre ne s'appliquera qu'à ces deux dernières espèces, et j'ajouterai même qu'au fond, négligeant le Cochevis, moins répandu, j'aurai surtout en vue l'Alouette commune, *Alauda* qu'on a aussi baptisée *Bardalis*, puis *Grisole* (dernier nom qui aurait bien dû lui rester).

TRAITÉ COMPLET

DE LA

CHASSE DES ALOUETTES

AU MIROIR, AVEC LE FUSIL

> « Il n'est nulz qui peust penser la grant
> « joye et soulas qui vient du déduit des
> « oyseaulx.
> « MODUS. »

CHANT, VOL, NOURRITURE, REPRODUCTION, PLUMAGE ET CHAIR DE L'ALOUETTE.

« Par un singulier privilége qui aurait dû lui faire donner « un nom significatif, l'alouette est peut-être le seul oiseau « qui, à l'état libre, ne chante qu'en volant; du moment « qu'elle est posée, elle ne dit plus rien. »

Cependant, comme le remarque E. Blaze dans son *Chasseur aux filets*, elle chante en cage, tout en s'y livrant à un véritable mouvement perpétuel.

Dans son *Monde des Oiseaux*, deuxième volume, Toussenel décrit admirablement le ramage et le vol de l'alouette, et je ne puis mieux faire que d'y renvoyer mes lecteurs... si jamais j'en ai !

« L'alouette, dit-il, vit de peu, comme le cultivateur, et s'accommode de tout. Suivant la saison, elle se nourrit de grains, d'herbes, d'insectes, vers et chenilles. »

Quant à sa reproduction, les auteurs s'accordent à dire qu'elle niche dans toutes les plaines de la France, et qu'elle fait généralement deux couvées ; j'ajouterai qu'elle va jusqu'à trois pontes par an dans nos contrées méridionales.

Il est assez généralement admis que les alouettes ont diminué de nombre, surtout depuis une cinquantaine d'années, et cependant, quoi qu'il en soit, il n'existe guère de régions en France où on n'en détruise annuellement une très-grande quantité.

Pour rassurer les amateurs de leur chair exquise, je dois dire ici que l'interdiction absolue de la chasse aux filets, chasse énormément destructive, combinée avec la défense formelle de chasser de nuit, va arrêter bien vite le dépeuplement qu'on avait si fort redouté, et ce à tort ou à raison.

En parlant de l'alouette des champs comparée aux autres espèces, Aristote, dans son *Histoire des animaux* (livre IX, chap. XXV), dit expressément que c'est la meilleure à manger; je crois que tout le monde partagera son opinion.

A quelle époque de l'année, la chair de cet oiseau procurera-t-elle aux gastronomes le plus grand régal? C'est là une question pas mal controversée, qui mérite, selon moi, d'être étudiée avec soin.

Nicolas Heerkens, dit E. Blaze si compétent sur la matière, affirme, dans son petit poëme sur l'alouette, que cet oiseau n'est pas bon pendant l'hiver parce qu'il est trop maigre, tandis que Belon assure tout le contraire, disant à ce sujet:

« Il est bien vray que le froit les rend plus grasses et plus
« tendres, pour ce qu'il enclost la chaleur léans qui n'a lieu
« de s'exhaler, sachant que la chaleur dissipe et fait exhaler
« leur nourriture et l'engarde de se tourner en graisse. »

Je suis tout à fait avec E. Blaze de l'avis de Belon; mais avec cette restriction que les alouettes, généralement grasses dans l'est, l'ouest et le nord de la France, en octobre et novembre, peuvent fort bien cesser de l'être en décembre si la neige abonde, et perdent toujours de leur si estimable embonpoint en janvier, février, etc., faute sans doute de nourriture abondante et facile. Je crois du reste que c'est là ce qui, en sus du froid si désagréable pour l'homme immobile, détermine tous les chasseurs à cesser avec la fin de novembre les parties au miroir.

On mange l'alouette en brochettes, en pâtés, et aussi au gratin, d'après la méthode si justement vantée de l'auteur de la *Chasse aux filets*. Opérez comme E. Blaze, et vous direz avec lui que c'est un mets divin!

Tant que cet oiseau est maigre, la puissance de son vol le met aisément à l'abri des poursuites des petits pirates de l'air; mais malheur à elle quand la graisse vient l'alourdir! Elle fuit alors dans le ciel, mais sans succès, et n'échappe ensuite à la mort que si elle parvient à se laisser adroitement tomber à terre dans un endroit assez épais pour la dérober, bien blottie, aux yeux perçants de son ennemi. A défaut de couverts, elle se jettera dans les bras de l'homme, dont la présence n'effraie pas toujours l'oiseau acharné à sa poursuite; aussi quel chasseur n'a pas eu, au moins une fois dans sa vie, l'occasion de sauver la pauvrette, en abattant d'un coup de fusil le tyran des airs sur le point de la saisir!

Il me reste à parler encore du plumage de l'alouette, qui est d'ailleurs tellement connu, que je me contenterai ici de dire avec A. Toussenel : La couleur de sa robe est celle de la terre; par les temps gris il est à peu près impossible de la distinguer à dix pas. Dieu l'a vêtue de cette robe, comme le lièvre, pour la dérober à la vue de ses innombrables ennemis.

Traiter de l'alouette sans citer le ravissant quatrain de Dubartas,

> La gentille alouette, avec son tirelire,
> Tirelire, relire et tirelirant, tire,
> Vers la voûte du ciel; puis son vol en ce lieu
> Vire et semble nous dire : adieu, adieu, adieu!

ne m'a pas semblé plus possible que de laisser de côté les neuf charmants vers pleins de vérité descriptive de notre grand poëte Ronsard :

> Sitôt que tu es arrosée,
> Au point du jour, de la rosée,
> Tu fais en l'air mille discours :
> En l'air, des ailes tu frétilles
> Et, pendue au ciel, tu babilles
> Et contes au vent tes amours;

Puis du ciel tu te laisses fondre
Dans un sillon vert pour pondre,
Soit pour éclore ou pour couver.....

. . . .

L'ALOUETTE N'EST PAS UN OISEAU DE PASSAGE.

Plusieurs auteurs, Aristote en tête, ont prétendu que l'alouette était un oiseau de passage; c'est peut-être vrai pour quelques espèces, mais c'est une erreur manifeste si on veut parler de l'alouette commune; en cela, j'ai pour moi l'autorité assez respectable des Blaze, Deyeux, Toussenel, d'Houdetot, J. Lavallée et de bien d'autres.

Ce qui a pu induire Aristote et consorts en erreur, ce sont les mouvements exécutés en automne et en hiver par ces oiseaux, sous l'influence de causes dont je parlerai plus bas.

« En automne, vers la fin de septembre, l'alouette éprouve
« des velléités de déplacement ; elle voyage, va, vient et re-
« vient, mais n'émigre pas pour cela. »

Plus tard, il est vrai, lorsque le froid augmente, elles se réunissent en bandes, et alors elles abandonnent les endroits *élevés* et les plateaux *balayés par le vent* pour se jeter, *au plus près toujours*, dans les plaines *basses* et dans les vallées *bien abritées;* elles arrivent alors en si grande quantité, qu'on les considère naturellement en certains de ces lieux comme oiseaux de passage.

Ces mouvements et ces espèces de migrations toutes locales ne peuvent et ne doivent s'expliquer que par des nécessités de nourriture et d'abri contre le froid. Quant au fait de leur réunion en bandes plus ou moins grosses, on ne saurait y voir une preuve de passage, puisqu'il ne manque pas d'espèces d'oiseaux qui n'émigrent jamais, et qui néanmoins, l'hiver, ou vers la fin de l'automne, se rassemblent en troupes souvent très-fortes.

En résumé, nonobstant le préjugé populaire et malgré ses petits déplacements, l'alouette commune ne peut sérieusement être rangée dans la catégorie des oiseaux de passage.

CHASSE AU MIROIR. — SES AGRÉMENTS ET SES ENNUIS.

AVERTISSEMENT. — La chasse aux filets étant défendue absolument par toute la France, je ne m'en occuperai pas, renvoyant à Modus et E. Blaze, qui l'ont traitée à fond, ceux ceux qui seraient curieux d'étudier la matière ; je ne veux parler ici que de celle à tir qui, jusqu'à présent du moins, n'a été proscrite que par un seul préfet qui, sans aucun doute, ne la connaissait pas !

La chasse des allouettes au miroir est connue de tous les chasseurs ; elle réjouit le jeune homme qui s'y adonne volontiers et qui, novice dans le maniement du fusil, y prend des leçons de tir assez variées ; elle délasse et amuse l'homme fait, et ne lui occupe que ses matinées, après lesquelles il est encore temps d'aller chasser, soit en plaine, à l'arrêt, soit au bois avec des chiens courants ; elle plaît enfin singulièrement au vieux chasseur, dont les jambes refusent de courir après le gibier, parce qu'il y est, s'il le veut, commodément assis ou demi-couché, ce qui ne le fatigue pas ; puis, parce que ce tiré lui fournit l'occasion de faire preuve d'une grande dextérité acquise, et enfin parce qu'on y brûle beaucoup de poudre, chose qui réjouit toujours et réchauffe quelque peu le cœur du vieux Bas-de-cuir invalide.

Ajoutons que si les femmes savaient à quel curieux spectacle elles pourraient assister, on les verrait accourir à la chasse au miroir, qu'elles embelliraient de leur présence, à la grande joie des chasseurs.

Écoutez la description qu'en fait notre doyen Deyeux :

>Dès que l'alouette étonnée
>Voit le soleil étincelant,
>Dont la chaleur inoculée
>Tournoie horizontalement,
>L'alouette, qui, dans les nues,
>Chaque matin à son réveil,
>Jusqu'aux sphères inconnues
>S'élève au devant du soleil,
>Vers cette ardente image arrive ;
>Toutes d'un vol jaloux, rival,
>Quittent le mont, quittent la rive,
>Traversent le fleuve et le val,
>Cherchent l'éclair devant la foudre,
>Et, témoins du malheureux sort
>De celles qui tombent en poudre,
>Se précipitent sur la mort.
>
>Le plomb meurtrier siffle, gronde
>Sur les oiseaux audacieux
>Qui se disputent à la ronde
>Le miroir qui joue avec eux.
>
>Elles se jettent, éperdues,
>Sur ces diamants séducteurs ;
>Souvent leurs ailes étendues
>Ne leur servent plus de moteurs.
>
>Pendant que, du fond de la plaine,
>Vingt, trente foncent pour le voir,
>Celle-ci se balance à peine,
>Celle-là se pose au miroir,
>Quitte et reprend la même place ;
>On trouve encore au même lieu
>Celles à qui le sort fit grâce
>Alors que le chasseur fit feu.
>   (*Chassomanie*.)

Maintenant que, grâce aux vers si originaux de Deyeux, nous avons décrit les plaisirs de cette merveilleuse petite hasse, ainsi que son singulier et si attrayant spectacle, il nous faut en dire les inconvénients, parmi lesquels je m'abstiendrai de mentionner celui de ne pas y voir les alouettes tomber toutes rôties !

On vise quelquefois dans la direction du soleil et alors :

> Malheur au chasseur frais de date
> Qui tire en face du soleil !
> L'univers devient écarlate,
> Et reflète un rayon pareil ;
> De tous les objets qu'on regarde
> Surgissent des lignes de feu.
> (*Chassomanie.*)

On demeure, dans ce cas, hors d'état d'ajuster durant deux à trois minutes, sans compter qu'il reste bien plus longtemps une espèce d'indécision dans le coup d'œil.

« D'autres fois, entouré d'alouettes qui semblent vouloir
« manger votre miroir, vous vous pressez pour charger et
« vous vous trompez. Quand on en est quitte pour un raté ou
« deux, il n'y a pas grand mal ; mais quelquefois, grâce à une
« double charge mise dans un des canons, vous subissez un
« recul imprévu qui vous caresse rudement et la joue et
« l'épaule. Heureux encore, trois fois heureux, si votre pré-
« cipitation et votre imprudence ne vous exposent pas à des
« accidents terribles ! » (DEYEUX, *Journal des Chasseurs.*)

Vous versez le plomb avant la poudre ; dans ce cas, les jurons pleuvent, mais le chasseur n'a rien à redouter. Après quelques essais infructueux, il décharge son arme à l'aide du tire-bourres et se hâte de rattraper le temps perdu.

« Bien souvent, dit encore Deyeux, après avoir fait, la
« veille, ses préparatifs et sa provision de poudre comme un
« conspirateur, on se lève de bon matin et l'on se hâte de
« franchir l'intervalle qui vous sépare du champ de bataille.
« On arrive plein d'espoir, on pose son bagage, on charge, le
« miroir lui-même est en place : vains apprêts ! un nuage a
« paru et le soleil aussitôt se cache pour toute la journée ;
« quelquefois même ce n'est pas un miroir qu'il eût fallu

« prendre, c'est un parapluie, tant le ciel s'obscurcit et me-
« nace ! comme c'est triste ! et qui convient moins au chas-
« seur que la tristesse ! vous comptiez vous épanouir au
« soleil, et vous voilà tout transi, presque forcé de chercher
« un abri. »

Suivons donc le conseil du poëte et, après une belle matinée fructueusement employée au miroir, disons avec lui :

> Cette chasse est récréative :
> Demain matin, plaisir nouveau
> Vous sourit dans la perspective :
> Priez Dieu que le temps soit beau.

Je lui demanderai aussi que mon gamin, tourneur du miroir, ne le laisse pas trop s'arrêter au moment le plus favorable et enfin qu'il daigne me préserver d'être de mauvaise humeur, maladie morale de nature assez tenace, quoi qu'on en aie, qui fait tirer de travers et que l'insuccès pousse au paroxysme. Si cela vous tient, croyez-en ma vieille expérience, pliez bagage sans la moindre hésitation et remettez la partie au lendemain.

Je me trouve ici tout naturellement conduit à faire encore parler Deyeux, qui a si bien traité de cette chasse :

« L'alouette au miroir est facile à tuer, dit-il, mais pas
« longtemps et pas toujours. En arrivant sur le terrain,
« l'homme et le fusil sont dispos ; mais bientôt les yeux se
« brouillent, ils sont plus ou moins éblouis par le grand jour ;
« les canons se crassent, les alouettes mirent moins bien, le
« soleil se cache, le diable s'en mêle, le tireur oublie que,
« pour bien jouir, il faut rire de ses fautes ; il se fâche,
« et quand on a de l'humeur, règle générale, on tire mal.

« Souvent c'est trop peu d'un homme pour répondre à tant
« de bêtes : il y a des instants où tout chante, tout voltige,
« tout s'agite, tout se croise autour de vous : alors il faut être
« au moins deux pour soutenir un feu bien nourri. »

C'est ici le cas, ou jamais, de faire ressortir les avantages incontestables du fusil qui se charge par la culasse ; on obtient d'abord avec lui une bien plus grande rapidité de tir et puis, ce qui est fort précieux selon moi, on se trouve à l'abri des accidents désagréables ou funestes que ne favorise que trop, hélas ! quand on emploie le fusil à baguette, la précipitation imprudente avec laquelle le chasseur se hâte tout naturellement et toujours alors de recharger son arme.

A la chasse au miroir, je le déclare ici avec une conviction profonde, on ne doit pas hésiter à proscrire d'une manière absolue l'emploi du fusil à baguette.

Ce serait, du reste, une grave erreur que de s'imaginer que, du commencement à la fin, le miroir est constamment assailli d'alouettes faisant, à qui mieux mieux, le Saint-Esprit ; il existe à cette chasse, comme aux autres, des chômages bien longs même pour un amateur plus que patient, chômages qui parfois vous décident à lever maladroitement la séance. Parmi les quelques moyens à employer pour tuer le temps d'une façon assez agréable, je n'en connais guère de meilleur que l'emploi de ces fameux harnais de gueule, à juste titre si préconisés par Du Fouilloux ; arrosez-les d'un vin généreux et alors, je vous le garantis, les quarts d'heure passeront comme des minutes !

Allez encore faire une petite tournée dans la plaine ; cela d'abord vous dégourdira les jambes enroidies et puis vous tirerez quelques oiseaux au cul levé. Pendant cette récréative excursion, une bande d'alouettes finira son repas à terre, se mettra en voyage et fondra sur votre miroir, qu'au signal convenu, vous regagnerez en toute hâte.

N'essayez pas de la lecture comme passe-temps ; je sais par expérience que c'est un moyen détestable ; la vue devient indécise et troublée ; on manque alors presque tous ses coups de fusil.

Lorsque les alouettes filent sans planer (ou dalter ou faire le Saint-Esprit), on doit s'abtenir de tirer et le plus sage, si elles persistent, c'est de plier alors bagage.

Voici comment Toussenel définit l'expression dalter ou son équivalent, faire le Saint-Esprit :

« Quelquefois l'alouette restera immobile dans l'air au-
« dessus du miroir, les ailes déployées et les jambes pen-

« dantes, dans cette attitude de bonheur extatique particu-
« lière à la colombe, et qui l'a fait prendre dans la religion
« chrétienne pour l'emblême du Saint-Esprit. »

DESCRIPTION DES DIVERS MIROIRS EMPLOYÉS.

Bien qu'il soit à présumer que, depuis longtemps, on ait dû mettre à profit, pour les prendre aux filets, la manie des oiseaux mireurs, je n'en trouve aucune trace dans Modus et successeurs.

Louis XIII étant le premier qui ait tiré au vol, grâce à l'invention du petit plomb, il reste évident que la chasse au miroir avec le fusil ne peut lui être antérieure.

Malgré mes nombreuses recherches, je n'ai rien trouvé et je suis réduit à venir jusqu'en 1787 pour voir dans les *Souvenirs* du père du marquis de Foudras, la mention d'une chasse au miroir dans la ci-devant province de Charolais. (Lire le charmant récit intitulé : Un synode chez pauvre défunt M. le curé de Chapaize, *Journal des Chasseurs*, 1853-54.) Malheureusement notre admirable écrivain cynégétique a oublié de dire de quel genre de miroir ses abbés se servirent, de sorte qu'en désespoir de cause il ne me reste qu'à passer aussi rapidement que possible en revue les divers engins de cette chasse au dix-neuvième siècle.

« Le miroir à alouettes » (d'après le *Dictionnaire des Forêts et des Chasses*, publié par le *Journal des Chasseurs*, sous la direction de M. Léon Bertrand) « est une petite machine dans
« laquelle on a incrusté des morceaux de glaces ou des clous
« d'acier qui réfléchissent les rayons du soleil, et dont on se
« sert pour exciter la curiosité de ces oiseaux et les attirer
« dans les piéges qu'on leur a tendus.

« On fait des miroirs à alouettes de plusieurs formes diffé-

« rentes ; les uns représentent un quart de cercle ; d'autres
« sont ronds en dessus et plats en dessous, d'autres encore
« sont plats et ronds comme une assiette ; enfin il y en a qui
« forment un carré long.

« Le miroir le plus en usage se compose d'un morceau de
« bois pesant, ordinairement du poirier, de neuf à dix pou-
« ces de long sur deux pouces à deux pouces et demi de hau-
« teur, et un pouce et demi à deux pouces d'épaisseur à sa
« base. Les grands côtés sont taillés en biseau pour former
« deux grands plans inclinés, mais qui ne doivent pas être
« terminés en vive-arête ; dans d'autres, au lieu seulement
« de deux grands plans inclinés, les côtés sont taillés de ma-
« nière à en former chacun deux ou trois plus étroits ; les
« deux extrémités sont également taillées en biseau et for-
« ment des plans semblables à ceux des grands côtés. Chacun
« de ces plans est incrusté de divers petits morceaux de gla-
« ces mastiqués dans des entailles à l'aide d'un enduit com-
« posé de trois parties de poix noire sur quatre de ciment
« rouge tamisé, le tout fondu ensemble.

« On peint tout le miroir d'une couleur rouge-brun mélan-
« gée avec de la colle seulement, en observant bien de con-
« server le brillant des glaces.

« Ce miroir est percé par dessous, dans son milieu, d'un
« trou carré, à la profondeur d'un pouce, dans lequel on fait
« tenir une tige ronde (la partie qui s'y engage est carrée
« bien entendu) en fer ou en cuivre jaune qui est creusée cy-
« lindriquement pour recevoir juste une broche en fer fixée
« au pied enfoui solidement en terre ; on imprime, à l'aide
« d'une ficelle manœuvrée à la main et qui s'enroule sur la
« tige à la surface externe de laquelle elle est arrêtée, un
« mouvement alternatif de rotation à cette tige qui, tournant
« ainsi autour de la broche, entraîne avec elle la tête du mi-
« roir. »

Cet instrument exige un tourneur ; car il ne me semble guère
possible d'admettre qu'il soit commode pour la même per-
sonne de tirer la ficelle et de faire feu en même temps. De là
l'idée toute naturelle de remplacer le tourneur par une machine en tenant lieu, idée qui a conduit à l'invention d'une

espèce de tourne-broche renfermé dans une boîte en tôle dont le ressort-moteur se remonte, tantôt avec une clé mobile comme celle des pendules, et tantôt avec une clé fixe munie de deux oreillettes pour offrir assez de prise aux doigts.

« La partie supérieure de cette boîte est surmontée d'une
« broche en fer qui la dépasse d'environ trois centimètres;
« cette broche, de la grosseur d'une forte plume à écrire, est
« carrée à son extrémité supérieure (pour recevoir la tête du
« miroir), ronde au milieu et contournée à sa base inférieure
« comme une vis. Les dents d'un des rouages, auquel le mou-
« vement est communiqué par un ressort remonté comme
« dans les pendules, en portant sur les crans de la vis, font
« tourner la broche en fer. »

Cette machine est assez chère et devient fort peu portative, quand on exige qu'une fois remontée elle puisse marcher pendant une heure ou deux ; j'en ai vu qui allaient de trente-cinq à cinquante minutes, et qui possédaient même un mouvement alternatif assez régulier, obtenu presque sans bruit. Mais, sans parler des ressorts qui cassent si aisément par le froid, après le premier quart-d'heure, on voit les oscillations se ralentir de plus en plus et devenir beaucoup trop lentes, la force du moteur diminuant toujours avec le temps. Joignez à ce grave inconvénient celui d'avoir besoin, pour la moindre réparation, d'un bon ouvrier, qu'on ne trouve pas partout, et vous vous expliquerez pourquoi ce miroir mécanique n'a pas réussi ; ajoutons aussi que, par une fatalité déplorable, il choisit toujours, au dire des chasseurs, pour s'arrêter, le moment précis où il est littéralement assiégé par les alouettes, ce qui lui vaut de terribles malédictions.

L'*Aviceptologie* contient la description et le dessin d'une autre machine que l'on fait mouvoir en tirant, de quart-d'heure en quart-d'heure et alternativement, deux ficelles attachées à deux cordes à boyaux roulées dans un sens contraire sur la même bobine ; cette machine a, pour transmettre le mouvement, une roue dont les dents engrènent dans une vis sans fin ; mais, bien qu'elle offre l'avantage de n'avoir pas besoin d'être remontée et de pouvoir être manœuvrée par le tireur lui-même, je ne puis que constater ici qu'elle a complètement échoué, sans doute à cause de la trop grande facilité qu'on a pour se tromper tous les quarts-d'heure.

Il y a enfin un miroir, dit anglais, que le chasseur peut aussi faire tourner lui-même, sans être gêné pour le tir.

Ce miroir, qui est décrit dans l'*Aviceptologie*, et ainsi construit (une machine de bois, en forme de plateau, garnie intérieurement d'une pelote sur laquelle sont attachés des boutons d'acier où, à leur défaut, quelques morceaux de glaces, soutenue diamétralement par deux tenons sur un demi-cercle en fer), conserve un équilibre qui n'exige point, à beaucoup près, l'assiduité et l'attention d'un tourneur. Le demi-cercle, qui soutient le miroir, est en acier et susceptible d'un peu d'élasticité ; de la moitié de ce demi-cercle part une queue, à l'extrémité de laquelle est emmanché un piquet qui sert à soutenir le miroir.

Le plateau doit être horizontal, afin de recevoir verticalement les rayons du soleil ; c'est au moyen d'une ficelle passée par un petit piquet qu'on communique à cette machine un mouvement qu'elle conserve d'autant plus longtemps qu'elle est dans un plus juste équilibre. Ce mouvement, quoique borné, devient régulier au moyen d'un petit ressort très-flexible attaché au plateau, et dont les extrémités touchent par intervalles, et dessus et dessous, le demi-cercle ; on sent bien qu'entre les deux extrémités du ressort il doit y avoir une distance de trois doigts ou environ, afin que le plateau puisse être balancé en décrivant une portion de cercle. Ce miroir, dont le mouvement se fait lentement, est peu propre à la chasse aux filets, parce que les alouettes s'y mirent de trop loin ; mais on peut s'en servir pour la chasse au fusil.

Sur mille chasseurs au miroir, c'est tout au plus si vous en rencontrerez un avec l'engin tourne-broche, le miroir anglais, etc.; la raison en est bien simple :

Indépendamment de leurs prix généralement fort élevés, ces miroirs compliqués se dérangent volontiers, surtout quand ils ne sont pas entre des mains soigneuses, adroites et exercées ; les ressorts, entr'autres, cassent aisément par le froid, et c'est presque toujours à un habile, et par suite fort cher ouvrier, qu'il faut confier leur réparation, tandis que notre

humble et rustique miroir (à piquet en fer ou en bois dur) sera remis en état à peu de frais par le premier ouvrier venu; et puis j'ajouterai que, grâce à sa robuste structure, conséquence de son excessive simplicité, les avaries, et par suite les réparations seront très-rares, sans compter que son entretien n'exigera, pour ainsi dire, aucuns soins.

Je sais bien qu'on lui impute à crime la nécessité d'un tourneur, mais je ne m'en tourmente guère ; car, en quel lieu ne trouve-t-on pas pour quelques sous un gamin de huit à douze ans qui soit heureux et fier de venir tirer la ficelle, tout en soufflant de temps à autre dans ses doigts pour les réchauffer. J'en ai vu souvent qui marchaient rien que pour le plaisir, et je leur dois ici de déclarer qu'ils n'étaient ni les moins adroits, ni les moins attentifs.

D'après ce qui précède, et d'accord en cela avec la généralité des chasseurs, je proclame hautement, et sans la moindre hésitation, ma préférence pour le classique et élémentaire miroir à piquet, soit que sa tête s'orne de glaces ou clous brillants, soit qu'elle se contente d'être vernie, cirée ou simplement polie.

Parmi les innombrables variétés de miroirs dues au hasard, au caprice ou à la fantaisie des amateurs, l'expérience jusqu'ici a seule décidé du rejet des uns et de l'adoption des autres, sans qu'on se soit, il me semble, donné la moindre peine pour se rendre compte de l'attraction si singulière éprouvée par l'oiseau magnétisé et pour en déduire logiquement la forme, la couleur, les dimensions, etc., à donner à la tête du miroir pour arriver aux résultats les plus fructueux. Je vais, dans le chapitre qui suit, essayer de résoudre ce problème assez complexe.

DES CAUSES D'ATTRACTION DU MIROIR.

Tout le monde a pu remarquer l'effet produit sur les oiseaux mireurs par un objet quelconque, immobile ou non, réfléchissant avec vivacité les rayons du soleil; qu'un morceau de métal ou un fragment de verre vienne dans les champs à produire cette réflection éblouissante, et vous verrez l'alouette commune surtout, ce mireur par excellence, se balancer en silence dans les airs et, tout en planant, fixer de plus ou moins loin un regard obstinément curieux sur cet objet devenu brillant.

Il y a là un phénomène d'attraction fort singulier qui, une fois remarqué et étudié, a dû évidemment suggérer l'idée d'employer un objet garni de glaces étincelantes pour attirer perfidement à portée du fusil, ou des nappes d'un filet, le pauvre oiseau fasciné; puis le hasard aura fait essayer de mouvoir l'objet brillant et on aura bien vite reconnu que l'oiseau s'approchait d'autant plus en planant, et faisait d'autant mieux le Saint-Esprit que le mouvement imprimé était rotatoire et alternatif; et alors le miroir à glaces actuel s'est trouvé inventé.

Ce miroir, d'abord à grands morceaux de glaces, a été ensuite à peu près abandonné par tout le monde pour celui à petits morceaux; puis on a employé des clous brillants, et enfin ce dernier engin paraît devoir bientôt être supplanté par le miroir à tête vernie, cirée, ou même simplement polie.

Comment se fait-il qu'avec ces derniers miroirs, qui sont bien loin d'avoir l'éclat plus ou moins flamboyant des premiers, on obtienne des résultats égaux et même bien plus avantageux? Il y a donc là autre chose qu'un effet de soleil réfléchi!

Ayons recours à l'expérience aidée du raisonnement, et nous parviendrons peut-être à nous rendre un compte satisfaisant et judicieux du phénomène si controversé du mirage de l'alouette.

Si nous faisons tourner simultanément et espacés entre eux de douze à vingt mètres :

1° Un miroir flamboyant à toutes glaces ;
2° Un miroir à clous brillants ;
3° Un miroir poli bien verni ou ciré ;
4° Un miroir poli seulement ;

voici ce que nous observerons invariablement, par une belle matinée d'octobre, à gelée blanche ou givre, avec le vent d'est, qui est sans contredit le plus favorable pour cette chasse :

L'alouette arrivera, à tire d'ailes et en silence, tout droit sur le premier miroir, mais en planant d'assez loin ; puis elle s'abaissera de suite sur le second qu'elle abandonnera bien vite pour le troisième et surtout pour le quatrième, sur lequel, et de très-près, elle fera le Saint-Esprit avec un acharnement indicible. Je dois dire cependant ici que, par un soleil un peu terne, les chances du troisième miroir deviennent égales et parfois même supérieures à celles du quatrième. Il résulte de cette expérience bien facile à répéter que, pour faire venir une alouette de très-loin, on doit se servir d'un miroir brillant, mais que, pour la faire dalter longtemps et à bonne portée, le flamboiement ne suffit pas, et qu'il y a, par conséquent, une autre cause d'attraction dans le mouvement alternatif du miroir terne ou à peu près.

Quel peut donc être ce motif qui rive pour ainsi dire immobiles au-dessus de notre engin, ces oiseaux qui n'entendent plus rien et ne voient plus autre chose ?

Ce motif, je n'hésite pas à le dire avec une entière conviction, n'est et ne peut être que l'imitation plus ou moins parfaite de l'image de l'oiseau planeur ; croyant voir au raz de terre planer une de ses semblables, l'alouette intriguée se demande sans doute ce qu'elle fait ainsi et alors, daltant au plus près, elle vient l'observer. C'est dès lors à cette vive et profonde curiosité naturelle que nous devons attribuer leur obstination à faire le Saint-Esprit, leur insouciance merveilleuse du bruit, du danger, etc.

« Il m'est arrivé plusieurs fois, dit Ch. Godde dans le
« *Journal des Chasseurs*, en des moments de distraction, il
« est vrai, d'être surpris par le miroir, et d'y voir si bien un

« oiseau mirant que je faisais malgré moi le mouvement
« d'épauler; si je m'y laissais prendre, moi qui étais dans la
« confidence, à plus forte raison un pauvre oiseau devait-il
« s'y tromper. »

Voici venir encore Deyeux qui, dans sa *Chassomanie*, à propos de la chasse des corbeaux au miroir noirci, croit à la simple imitation de l'oiseau, et qui dès lors, mis sur la voie de la vérité, n'avait qu'à raisonner un peu par analogie pour passer de plain-pied du piége-corbeau au piége-alouette; écoutons-le bien et faisons notre profit de son dire original :

> Hors de ce bois, sur piquet de miroir,
> Faites tourner un morceau de bois noir;
> L'oiseau, qui voit l'action circulaire
> De son pareil, se demande comment
> Son camarade est mis en mouvement;
> De son confrère il y trouve l'emblème;
> Il vient à lui dans sa surprise extrême.....

Quelques personnes se sont imaginé que l'alouette croyait voir un épervier se débattant, etc. Si l'oiseau avait affaire à un ennemi, il ne viendrait certes pas en silence de fort loin s'abattre ou planer tout près de lui, sans rappeler, par un petit cri perçant et analogue à celui des hirondelles, etc., à la vue d'un chat ou d'une petite chouette sur un toit, toutes les alouettes des environs; et puis il ne manquerait pas de donner des signes de colère et de frayeur. Pour ces raisons, j'estime que cette explication du mirage ne peut être sérieusement acceptée.

De ce que quelques amateurs, les uns avec une casquette étincelante, les autres avec un brassart brillant, ont pu tuer d'assez loin, en se promenant, une douzaine d'alouettes, résultat qui ne m'étonne guère en de certains jours éminemment favorables, que faut-il conclure? que, pendant la même journée, avec mon miroir, ils en auraient occis cinq à six fois plus, et voilà tout! Je ne vois rien en ceci qui soit, du reste, de nature à infirmer ma théorie de l'imitation de l'oiseau.

« Une preuve, dit A. Toussenel, dans son *Monde des Oiseaux*,
« que c'est bien l'image de l'astre roi et non la sienne propre

« que l'alouette contemple dans la glace, c'est que le même
« oiseau ne mire plus en Afrique, où l'absence du soleil est
« toujours de courte durée. » Je réponds à cela d'abord que
j'ai vu, de mes propres yeux vu, en Afrique, pendant les mois
de décembre et janvier, les alouettes faisant le Saint-Esprit
au miroir tout aussi bien que dans l'est et le nord de la France ;
et ensuite qu'en daltant sur un miroir terne, l'oiseau n'y
trouve certes pas l'image du soleil ; ce n'est donc pas encore
ce spectacle qui le magnétise si curieusement.

Je lis (dans les *Mondes*, du raisonnement chez les oiseaux),
une autre explication du mirage :

« L'alouette, chassée par le froid, se rend dans un pays
« plus doux : le scintillement des petites facettes étamées lui
« fait croire que ce sont autant de gouttes de rosée qui bril-
« lent au soleil ; cette rosée liquide lui rappelle les tièdes
« matinées printanières ; elle a froid, elle croit qu'il fait chaud
« là où elle voit étinceler ces diamants ; elle croit qu'ils sont
« suspendus à autant de brins d'herbe bien verte, bien ten-
« dre ; elle espère enfin trouver sur ce petit coin de terre un
« instant de repos à ses longues fatigues, une douce tempé-
« rature, un bon repas... Elle se hâte, et tombe sous le plomb
« du chasseur ! »

Si, pour décider l'alouette à faire le Saint-Esprit, il n'y
avait que le miroir étincelant, et si on n'y réussissait pas
aussi bien, je dirai même mieux, avec un miroir terne, je
pourrais admettre cette manière de penser ; mais d'après ce
que nous avons vu plus haut, je dois la rejeter sans hésitation
aucune.

Quelques personnes croient que l'alouette se mire par un
sentiment de coquetterie. Je me contenterai de leur dire
qu'elle choisit pour cela le moment où le miroir tourne assez
vite pour ne permettre la perception d'aucune image et que,
bien plus, elle ne planerait pas au-dessus d'un miroir, arrêté
ou non, qui serait fait d'un seul morceau de glace et qui don-
nerait cependant plus de facilité au sentiment de coquetterie
dont on la suppose animée. Et puis, comment alors expliquer
l'attraction du miroir terne ?

De tout ce qui précède, j'ai le droit de conclure à l'inexactitude formelle des diverses explications du mirage relatées ci-dessus et de dire en toute confiance :

— Rallions-nous donc à l'idée seule rationnelle de l'imitation de la nature prise sur le fait, et, l'adoptant pour point de départ, cherchons à en déduire logiquement la meilleure forme et les dimensions les plus convenables à donner à la tête du miroir.

DE LA FORME, COULEUR, POIDS ET DIMENSIONS DE LA TÊTE DU MIROIR; DE SON PIQUET ET DE LA FICELLE MOTRICE.

De même qu'un miroir à corbeaux doit, selon Deyeux, avoir la couleur et les dimensions de cet oiseau, si on veut parvenir au succès, de même c'est sur l'alouette commune que nous aurons à prendre les dimensions de la tête de notre engin, sans oublier surtout l'imitation aussi exacte que possible de la robe grise dont la nature l'a revêtue.

D'après cela, notre miroir aura de $0^m,24$ à $0^m,25$ de longueur, sur $0^m,09$ à $0^m,11$ de hauteur et de $0^m,5$ à $0^m,06$ d'épaisseur au bas.

Sa forme restera celle qui est assez généralement adoptée avec juste raison, forme d'un chapeau à claque surbaissé ; regardez, en effet, tourner un pareil miroir, et l'illusion sera complète ; toute autre forme, d'ailleurs, est loin de réussir aussi bien, tant aux yeux de l'homme, qu'à ceux plus difficiles à tromper de l'alouette.

Voyons maintenant quel poids il convient de donner à la tête de notre miroir; cela, en effet, n'est nullement indifférent : car, si elle est trop lourde, elle fatiguera bien vite la main du tourneur et ébranlera de suite le piquet fiché en terre lequel se mettra à ballotter, ce qui produit un tirage incommode et un bruit très-nuisible ; si, au contraire, elle est trop légère, elle deviendra insuffisante pour vaincre la résistance de l'air et assurer l'enroulement régulier et alternatif de la ficelle. Le poids convenable se sent, se devine à la main ; essayez et vous reconnaîtrez sans peine avec moi qu'il doit toujours être compris entre deux cent soixante-dix et trois cent quinze grammes.

Il va sans dire que la douille en cuivre marche avec la tête.

Si votre bois, façonné aux dimensions indiquées plus haut, se trouve trop pesant, rien de plus simple que de l'alléger en le creusant en dessous ; que si, au contraire, il vous semble trop léger, rien ne vous empêchera de le plomber également de chaque côté, afin de le ramener au poids qui vous conviendra.

A quel genre de pied donnerons-nous la préférence ? Pour moi, je prêcherai toujours pour l'adoption du pied coudé en fer plat (que tout le monde connaît ; du reste voir le dessin ci-joint), parce qu'il est à la fois le plus simple, le moins cher, le plus solide, et, je crois, le plus commode de tous.

Le coude porte-broche aura de $0^m,07$ à $0^m,08$ de longueur ; la broche 7 à 8 millimètres de diamètre et sera longue de $0^m,07$, y compris la partie taraudée ; le fer plat, large de vingt et un millimètres, et épais du tiers environ ; enfin la partie, en forme de baïonnette, qui doit être fichée en terre et à cet effet se terminer en pointe, aura de $0^m,25$ à $0^m,30$ de longueur ; on se règlera ici sur la nature plus ou moins résistante des terres de l'endroit de chasse. L'inspection seule du dessin permettra parfaitement de se rendre compte de la manière à la fois solide et simple dont la broche est fixée après la partie coudée du pied en fer.

Je ne crois pas inutile la prescription bien formelle de ne jamais se servir que de bonne ficelle câblée, afin de s'éviter l'ennui des ruptures ; il convient, en outre, que la partie qui s'enroule sur la douille soit remplacée par un cordon d'excellent cuir, la graisse et le frottement étant mieux supportés par cette dernière matière que par le chanvre.

Maintenant que nous voici armés d'un engin établi d'après les règles de l'expérience et du raisonnement, et que nous avons dès lors par devers nous le nécessaire et le suffisant pour obtenir de brillants succès, je vais vous dire la meilleure méthode, selon moi, pour réussir à cette chasse :

Faites marcher, espacés de dix à quinze mètres, deux miroirs ; l'un, très-brillant pour faire venir les alouettes qui passent au loin ; l'autre, terne, pour les retenir longuement de fort près ; puis placez-vous comme si vous n'aviez à surveiller que le miroir qui n'éblouit pas. Dans le cas assez probable où vous reculeriez devant l'emploi et la mise en mouvement de deux miroirs, vous seriez impardonnable de ne pas au moins vous munir de deux têtes ; la brillante pour le soleil pâle, et la terne quand il sera flamboyant.

CHOIX DU CHAMP. — DE L'INSTALLATION DU CHASSEUR ET DU MIROIR SUR LE TERRAIN.

Dans quelle espèce de champs ferons-nous bien d'élire domicile ?

Les terrains en friche, couverts généralement de grandes herbes, dérobent trop le miroir à la vue des alouettes ; le tir de la ficelle n'y est pas commode et produit des mouvements nuisibles.

Quant aux champs d'éteuilles ou d'étoules, ils peuvent très-bien convenir lorsque les tiges sont courtes, parce que le jeu de la ficelle s'y dissimule aisément ; mais, si elles sont grandes, on y trouvera les mêmes inconvénients que dans les friches. Du reste, dans ces deux natures de terrain, la recherche des oiseaux tués est bien loin d'être facile, à cause de la couleur grise de leur ensemble.

Enfin (car j'écarte les terres labourées dont le voisinage doit néanmoins être très-recherché), les prés ont l'inconvénient de ne pas assez dissimuler la ficelle motrice (on y remédierait en la faisant teindre en vert), mais ils offrent des avantages incontestables pour le tirage du miroir et surtout pour la recherche des alouettes tuées ou blessées ; aussi je n'hésite jamais, pour mon compte personnel, et j'accorde toujours la préférence à la prairie.

Le choix du terrain fait, il s'agit de s'y installer dans les conditions les plus favorables ; et d'abord il faut savoir à quelle distance du tireur nous devrons planter le piquet du miroir ?

Cette question a son importance, car, si l'engin est trop rapproché, vous manquerez l'oiseau ou bien vous le mettrez en pièces, tandis que s'il est trop éloigné, il vous arrivera de blesser beaucoup d'alouettes et d'en ramasser tout au plus la moitié.

La distance adoptée par la pluralité des chasseurs varie entre quinze et vingt mètres : la première convient à ceux qui tirent avec du plomb des numéros onze et douze, ou avec la cendrée, tandis que la seconde est à juste titre préférée par ceux qui n'employent que du neuf ou du dix.

Reste maintenant à nous placer par rapport au soleil.

Quelques amateurs, tournant le dos au soleil levant, placent leur miroir devant eux, exactement dans la direction du couchant ; comme cela, disent-ils, nous ne sommes jamais exposés à tirer vis-à-vis de l'astre du jour dont l'éclat est si désagréable pour les yeux.

Je suis bien de leur avis sous ce rapport ; mais cette méthode extrême présente deux inconvénients graves qui ne me permettent pas de l'accepter sans modification ; le premier, c'est qu'on se trouve trop souvent forcé de tirer à pic sur sa tête des alouettes qu'on n'a pu voir venir, manœuvre fatigante qui vous procure bien vite un torticolis ; le second, c'est qu'alors on tire autant à droite qu'à gauche, tandis que, règle générale, c'est le feu de droite à gauche qui est le plus productif, parce qu'il est le plus commode. Il est vrai d'ajouter que ces inconvénients n'ont pas grande importance quand, en de certaines matinées exceptionnelles, le miroir est littéralement assiégé par des vols incessants ; mais aussi qu'ils sont désagréables, lorsque les alouettes donnent en petit nombre, ou même lorsqu'elles ne se présentent qu'individuellement.

Pour faire disparaître, en grande partie du moins, ces deux inconvénients, voici ce que je conseille :

Le chasseur et son miroir, au lieu de se placer exactement sur la ligne droite qui va du levant au couchant, formeront une ligne oblique avec cette direction, c'est-à-dire, que le miroir restant fixe, l'amateur, faisant face au couchant, appuiera à sa droite de quatre ou six mètres, suivant qu'il aura placé son engin à quinze ou vingt mètres de distance de son poste. Comme cela, il ne sera guère gêné par le soleil, et verra assez bien venir les alouettes au-dessus de sa tête et à sa gauche, et puis, dispensé ainsi de se désarticuler le col, il aura le grand avantage de tirer bien plus à sa gauche qu'à sa droite. Je n'ai pas besoin, je pense, de dire ici qu'on se gardera bien d'outrer cette disposition oblique.

DES JOURS ET HEURES LES PLUS FAVORABLES.

Une belle gelée blanche, par un ciel bien pur et par un air très-calme, est en général un temps parfait pour cette chasse.

Ch. Godde déclare cependant préférer peut-être encore le soleil se levant sur un très-léger brouillard, les autres conditions ne changeant pas, bien entendu. Tous les vols, dit-il, sont en mouvement, et l'atmosphère acquiert, par ce brouillard même, une telle transparence, que l'œil perçant de l'oiseau distingue le miroir à des distances incroyables.

Effectivement, ces journées, si rares en octobre, conviennent d'une manière admirable ; mais la question capitale, c'est la direction du vent : par le nord, l'alouette voyage et ne s'arrête pas ; quand le sud règne, elle reste à terre ; si l'ouest domine, elle se conduit à peu de chose près comme lorsque le nord souffle ; le véritable vent, pour réussir au miroir, c'est l'est! il doit, bien entendu, ne pas être fort ; car la condition essentielle du succès, je le répète à dessein, c'est un temps *calme*, ni chaud ni froid.

Cela se rencontre rarement ; mais aussi quelle fusillade! deux cents charges par tête et trois ou quatre tireurs pour un seul miroir ne sont alors pas de trop!

Tous les chasseurs s'accordent à reconnaître que les heures de la journée les plus favorables sont comprises entre le lever du soleil et dix heures du matin, quelquefois neuf heures seulement, si l'air devient chaud. Par certains jours, on tire encore de temps en temps jusqu'à onze heures ; au-delà on ne fait plus rien.

Cette chasse peut être reprise vers trois heures de l'après-midi et durer jusqu'au coucher du soleil ; mais il ne faut pas y espérer des succès comparables à ceux du matin, et on devra s'estimer bien heureux si on récolte une à deux douzaines d'alouettes.

En résumé, si les conditions favorables énoncées ci-dessus viennent à se trouver réunies toutes, un bon tireur pourra tuer plus de cent mauviettes, s'il a eu le bon esprit de se trouver rendu sur le terrain pour le lever du soleil.

Cette chasse ne se fait agréablement que du 1ᵉʳ octobre au 10 novembre dans le nord, l'ouest et l'est de la France ; passé cette époque, à cause de l'immobilité du tireur, le froid devient insupportable, e n 'e st que dans le midi qu'on peut la continuer. J'ai tué en Algérie des alouettes au miroir, matin et soir, en décembre, janvier et même février, et elles miraient comme en Europe.

DU TIR DE L'ALOUETTE AU MIROIR.

« Un certain nombre de bons tireurs, dit Deyeux, qui a si bien traité de cette chasse, éprouvent des mécomptes au

« miroir. Toute la difficulté de ce tir provient de ce que
« l'alouette se recule et s'avance de telle sorte qu'on se
« trouve dans les conditions d'un homme qui tirerait posé au
« moment même où l'oiseau changerait de place. Parfois, en
« effet, l'alouette est comme immobile ; puis tout à coup elle
« change d'allure. Dans ces fréquentes oscillations, il faut
« avoir bien soin de viser toujours le bec, en dédaignant le
« corps ; car il est évident qu'elle ne peut remuer sans
« prendre l'avance sur le point de mire ; il faut donc que le
« point de mire prenne l'avance sur elle. Si elle reste, on la
« frappera en tête ; si elle avance, le coup se trouvera en
« plein corps. »

Je n'ai rien de mieux à faire que d'engager mes confrères à suivre exactement les conseils du vieux chasseur. Ceux d'entre eux qui persistent à employer encore le fusil à baguette, trouveront dans Deyeux (lire dans le *Journal des Chasseurs*, 1841, son charmant article intitulé : *Chasse au miroir*) des instructions excellentes sur les meilleures charges de poudre et plomb ; pour moi, je ne veux m'occuper ici que du tir des armes se chargeant par la culasse.

Je le répéterai à satiété et avec une conviction inébranlable, on doit, si on est tant soit peu prudent, proscrire impitoyablement à cette chasse l'usage si dangereux et si incommode en outre du fusil à baguette.

Cette déclaration faite pour l'acquit de ma conscience, je vais indiquer les charges qui, résultat de trente années d'expérience, me paraissent les plus convenables pour le fusil à bascule, calibre 16 (chacun les modifiera pour son calibre), qui est le plus généralement adopté par les chasseurs.

Constatons d'abord ici que, dans cette arme, les canons s'encrassent infiniment moins vite ; que leur nettoyage sur le terrain est d'une rare simplicité, et qu'enfin les cartouches bien faites, surtout si on met avec un petit pinceau une gouttelette de vernis à l'entrée de la broche dans la cartouche, ne sont pas le moins du monde impressionnables à l'humidité, propriété précieuse qui nous permettra l'usage si commode d'une seule et même charge, invariable pour chaque genre de chasse, et qui finira par rallier au Lefaucheux les plus fanatiques partisans du fusil à baguette.

Depuis déjà pas mal d'années, je ne me sers que du fusil Lefaucheux, calibre 16, en plaine comme au bois. Les charges sont faites par moi-même ou sur ma surveillance immédiate ; voici celles qui, au miroir, m'ont toujours bien réussi :

Je verse dans ma cartouche à broche

Poudre { extra-fine. . . . . . . 2 grammes 1/3
superfine. . . . . . . 2 grammes 1/2
fine ordinaire. . . . . 3 grammes,

et par dessus l'une de ces charges je place un godet-carton et une forte bourre élastique ; je refoule assez ferme ; puis je mets environ 28 à 30 grammes de plomb bien tassé que je recouvre d'une bourre en carton mince et dur, et je presse vigoureusement sur le tout avant de faire l'emboutissement.

Le fusil Lefaucheux, portant et serrant mieux que le fusil à baguette, il m'est impossible de donner, comme Deyeux, la préférence au n° 9 ; je trouve ce plomb trop fort. Déjà même le n° 10 me fait reculer, et je n'hésite pas à signaler comme les meilleurs les n°ˢ 11 et 12. Mais je repousse la cendrée, parce qu'avec elle on blesse beaucoup d'alouettes qui vont inutilement mourir au loin, et qu'on en tue raide fort rarement.

Les cartouches couleur verte, fabrique de Gevelot, à Paris, méritent, selon moi, la préférence ; j'ai tiré souvent jusqu'à cinq et six fois avec la même, rechargée et ré-amorcée ; ce qui au miroir, où on dépense beaucoup, ne laisse pas que de procurer une économie sensible.

DES PRÉCAUTIONS A PRENDRE.

La première et la plus indispensable de toutes, c'est de posséder un miroir qui tourne sans faire le moindre bruit. Il faut pour cela que la tige, bien cylindrique et bien droite, entre à léger frottement, étant graissée, dans la douille en cuivre régulièrement établie. Comme il est essentiel de renouveler le graissage environ toutes les deux heures, on emportera du beurre ou de la graisse de porc, ou enfin, un mélange fondu d'huile et de suif de mouton. Car, ne l'oubliez pas, au moindre bruit l'alouette soupçonneuse s'envole, et alors adieu le Saint-Esprit!

« Placez-vous de manière à ce qu'on aperçoive l'horizon à
« quelques pieds au-dessus du miroir; l'alouette se détache
« alors bien mieux; car elle apparaît comme un point blanc
« sur le bleu du ciel. Presque tous les coups portent, ce qui
« est différent lorsqu'on a pour perspective un champ de
« paille dont la teinte gris-jaune est semblable à la couleur
« du gibier. » (Dr du T.....)

Le même auteur ajoute :

« Le tir est plus sûr si on est assis sur un siége d'environ
« 0^m,40 d'élévation. Ce siége doit être sans dossier, afin de
« pouvoir suivre facilement l'oiseau dans son vol lorsqu'il
« tourne autour du chasseur. »

C'est vrai : mais gare les culbutes? quand on tirera en se renversant un peu trop en arrière, ce qui arrive plus souvent qu'on ne voudrait.

Pour moi, je déclare que c'est bien plus sûr et moins trompeur de s'asseoir tout bonnement sur le revers d'un petit fossé dont on comble le fond s'il y a de l'eau, ou enfin sur un sac bourré de paille, foin, etc. L'essentiel, c'est que le centre de gravité du chasseur soit à sec; l'hygiène s'en contentera si surtout votre chaussure vous préserve de l'humidité, et si votre estomac n'est pas vide.

Vous veillerez avec soin à ce que la ficelle motrice ne fasse pas danser, par le frôlement sur son parcours, les plantes et pailles, et puis vous aurez toujours une bonne cordelette de rechange.

Quant au rappel ou appeau, il est plus nuisible qu'utile, si on ne sait pas parfaitement s'en servir; on doit, en tous cas, n'en user que très-sobrement et ne jamais le faire entendre qu'une seule fois; car, si vous bissez, vous gâterez infailliblement l'effet produit, quelqu'expérimenté que vous soyez.

Souvent des chasseurs appuient sur la tête de leur miroir pour enfoncer le piquet; en opérant ainsi, ils s'exposent à fausser douille et broche, et même à les briser; c'est sur la partie coudée du pied en fer que l'effort doit avoir lieu, soit par simple pression, lorsque le terrain s'y prête, soit par percussion, à l'aide d'un petit maillet en bois dur, quand le sol résiste. Un chasseur, qui a de la prévoyance, n'est jamais forcé de recourir aux pierres ou briques de la campagne, elles donnent toujours de petits éclats plus ou moins terreux qui peuvent adhérer à la tige et lui nuire fort, ainsi qu'à la douille, sans compter, en outre, la difficulté des frottements à vaincre et le bruit qui en est la conséquence forcée.

Ne cherchez pas à économiser le tourneur et suivez le sage conseil de Deyeux :

« Un tireur peut faire jouer la corde lui-même; on lui pro-
« pose d'exécuter ce service avec son pied, son genou, etc. :
« cela peut-être joli pour tirer dix alouettes et demie, mais
« autrement je prends la liberté de lui conseiller une main
« auxiliaire. Que voulez-vous donc demander à un pauvre
« homme qui n'a pas même le temps de charger son fusil? Il
« a déjà bien assez d'occupation, sans lui imposer ce cumul
« improductif. »

Je vous recommanderai encore de placer, autant que faire se pourra, votre tourneur aussi bas que possible, afin qu'il ne vous gêne pas pour tirer; de vous masquer tous deux de votre mieux, de parler très-peu, et enfin de ne faire que les gestes et mouvements indispensables.

Fumez si cela vous plaît; je n'y vois que l'inconvénient de de vous gêner parfois pour ajuster.

On devrait n'aller ramasser les morts qu'à la fin de la séance; mais on en perdrait trop, et, tout bien considéré, je crois qu'il est avantageux de ramasser aussitôt tué.

N'emmenez jamais de chiens avec vous; ils vous aideront, il est vrai, à prendre quelques oiseaux blessés, mais, comme ils ne resteront au feu ni immobiles, ni muets, ils seront en réalité fort gênants et pourront en plus vous occasionner des accidents très-graves.

« Ne posez jamais, dit Deyeux avec juste raison, lorsque
« vous allez ramasser une alouette, votre fusil armé sur le
« carnier auprès du gamin ; car il ne vient à l'esprit de per-
« sonne qu'on se trouve exposé à recevoir un coup de fusil
« dans les jambes ; nul n'y songe, nul ne s'en défie : et ce-
« pendant que faut-il dans cette circonstance pour détermi-
« ner un malheur ? Qu'un chien s'approche, que l'enfant se
« remue, qu'une maille, un fil du carnier accroche la ga-
« chette ; pas davantage ! » Désarmez donc votre fusil ou emportez-le avec vous.

Inclinez très-légèrement le pied du miroir du côté opposé au tourneur, afin d'éviter que la ficelle ne vienne à rencontrer l'extrémité de la tête de l'engin, ce qui sans faute arrêterait le mouvement ; mais n'allez pas outrer cette inclinaison, sous peine de rendre le tirage difficile et d'exposer la douille à une grande tendance à sortir de la tige ; il se produirait alors forcément un vide dans lequel la ficelle ne manquerait pas d'arriver, malencontre qui gênerait la manœuvre, et même le plus souvent l'arrêterait tout net.

Si vous avez un *chargeur de confiance*, rien ne vous empêche d'emporter plusieurs fusils que vous tirerez les uns après les autres ; mais autrement contentez-vous d'en avoir *un de rechange*, pour remplacer au besoin celui qui vous sert habituellement. N'allez jamais, du reste, à cette chasse qu'avec une arme très-propre ; on y tire beaucoup, et la crasse que vous auriez apportée maladroitement dans vos canons serait en trop, ce dont vous ne tarderiez pas à vous apercevoir à vos dépens.

Vous placerez votre carnier et vos munitions de telle sorte que, tout en les ayant sous la main, vous ne soyez pas exposé à marcher dessus, et enfin, par mesure de prudence, vous éviterez les postes qui ne seraient pas à cent cinquante mètres au moins de chemins ou sentiers fréquentés ; on doit en effet toujours se garer, non-seulement des accidents, mais encore des curieux bavards.

Si, méprisant mes avis, vous persistez à employer le fusil à baguette, ayez au moins une poudrière à charge ou mesure séparée, dans l'intérêt de votre dextre.

Beaucoup de chasseurs prétendent avoir très-bien remarqué que des alouettes mortes, placées le plus naturellement possible à l'entour du miroir, attiraient les vols et les maintenaient plus longtemps. Je vous avouerai franchement que je n'ai pas d'opinion à ce sujet, bien qu'il me soit cependant quelquefois arrivé de me servir de ce prétendu moyen d'attraction ; imitez donc, si vous y croyez, la nature du mieux que vous pourrez et bonne chance ! Je n'ai pas observé d'autre part que la vue des cadavres tombés sur le terrain fit la moindre impression sur les oiseaux papillonnant autour du miroir.

Si vous vous servez d'une tête étincelante, pour ne pas briser les glaces, vous aurez soin de tirer pas mal au-dessus. Cette précaution sera à peu près inutile avec les autres têtes ; néanmoins n'abusez pas trop de la permission !

Comme généralement on n'a pas un tourneur de rechange et comme votre gamin ne peut guère tirer la ficelle sans interruption pendant quatre heures de suite, j'estime que vous ferez bien de le remplacer vous-même dans les moments de chômage ; ces répits le reposeront, et vous pourrez ensuite vous montrer plus exigeant à son égard lorsque l'heure de l'abondance sera arrivée.

On rencontre parfois un terrain si meuble que le piquet y ballotte bien vite ; dans ce cas peu agréable, si vous ne pouvez aller ailleurs, il ne vous reste qu'une assez piètre ressource, c'est de planter votre pied au beau milieu de plantes dont les racines puissent donner au sol un peu plus de consistance.

Règle générale : quand les alouettes chantent de tous côtés à qui mieux mieux, comptez qu'elles ne viendront pas au miroir et pliez bagage sans la moindre hésitation, si vous ne voulez perdre et votre temps et vos peines.

Je terminerai le chapitre des précautions en approuvant très-fort le chasseur qui aura la bonne idée, lorsqu'il craindra que le soleil resplendisse peu de temps, de se munir ou d'une alouette vivante ou d'une alouette empaillée et montée sur un scion. En les faisant jouer à propos il pourra, malgré l'absence de l'astre du jour, tuer une à deux douzaines de ces oiseaux. J'aime mieux cela que l'emploi si préconisé de la chouette ; du reste, sans rechercher ici les motifs de la réprobation universelle qui atteint tous les oiseaux nocturnes, je dois affirmer ici que les alouettes n'approchent hardiment que de la petite chouette grise, et se bornent, par prudence sans doute, à n'insulter les autres que de loin.

Quel que soit l'oiseau vivant que vous prendrez pour appât, je vous engage à ne pas faire feu trop près de lui, si vous ne voulez être forcé par sa mort de plier bagage ; car enfin, je ne puis supposer que vous vouliez emporter avec vous à cette chasse une pleine volière de chouettes grises ou d'alouettes communes.

CURIOSITÉ NATURELLE DE TOUS LES OISEAUX.

Ce serait une grave erreur de penser que les alouettes sont les seuls oiseaux qui soient attirés par le miroir ou par un objet éblouissant. Les sylvies, les rubiettes, les figuiers, les proyers, etc., manifestent une toute semblable curiosité, et, si ces espèces ne jouent pas sur l'engin comme l'alouette, je ne crains pas de l'affirmer, cela ne provient que de la nature de leur vol qui s'y oppose. Nous les voyons, en effet, passer d'une manière saccadée plus ou moins rapide, mais toujours faire un mouvement prononcé de baisse en volant au-dessus du miroir, et aussi, souvent, et faute sans doute de pouvoir planer, venir se poser près de l'engin, qu'ils examinent alors très-curieusement.

Faites jouer un miroir dans une basse-cour peuplée de volailles, faisans, paons, etc., et vous obtiendrez des résultats qui vous émerveilleront. Les pluviers et les vanneaux, un peu avant le coucher du soleil, plongent fréquemment à quinze ou vingt mètres de l'engin tournant, et les hirondelles font de même ; enfin, les pigeons sauvages courent au miroir du plus loin qu'ils l'aperçoivent.

Inutile de revenir sur les corbeaux, d'après ce que j'en ai dit précédemment.

Quel chasseur ignore l'usage du mouchoir blanc et du chien de même couleur pour faire venir les bandes de vanneaux à portée ? Il est évidemment basé sur l'imitation du miroitement de leur vol qui fait passer subitement du noir au blanc.

Voulez-vous amener les canards sauvages, si méfiants, sous les canons de votre fusil ? Imitez-les lorsqu'ils barbottent et semblent pivoter sur leurs centres.

Je pourrais multiplier indéfiniment mes exemples ; mais j'estime que c'est inutile et que chacun n'hésitera pas à reconnaître avec moi que tous les êtres emplumés possèdent un instinct de curiosité qui, bien compris, nous mènera toujours à la perfection du piége à employer pour leur faire une chasse fructueuse

FIN.

Paris. Imp. BALITOUT, QUESTROY et C*, 5, rue Neuve-des-Pons-Enfants.

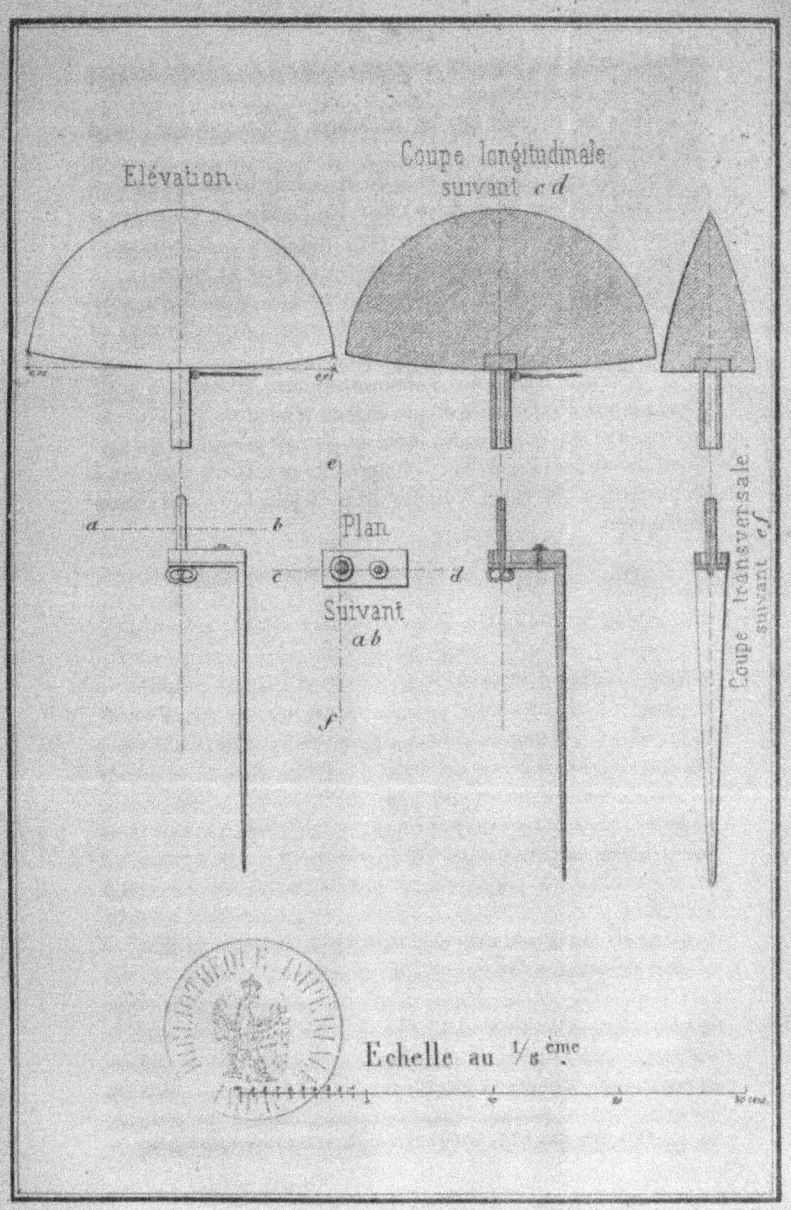

www.ingramcontent.com/pod-product-compliance
Lightning Source LLC
Chambersburg PA
CBHW061006050426
42453CB00009B/1282